Le
PÈRE CYRILLE

ET LE

GÉNÉRAL MAROTO,

PAR

M. LOUIS-LURINE.

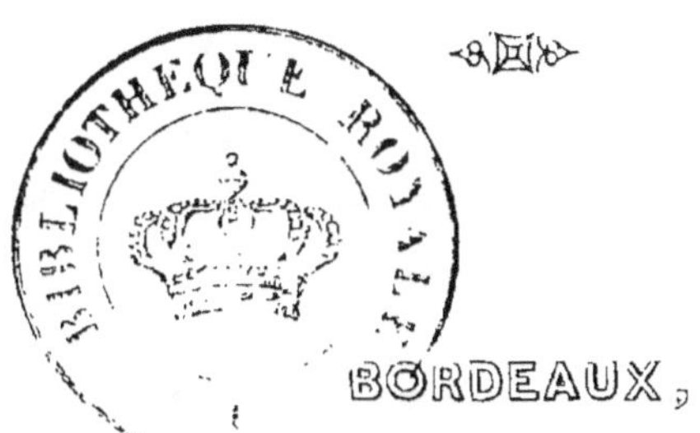

BORDEAUX,

RAMADIE ET COMP., IMPRIMEURS-LIBRAIRES,

Au Bazar-Bordelais, rue Sainte-Catherine.

1839.

Cette brochure a déjà paru dans le *Courrier de Bordeaux* en forme d'articles et sous le titre du Père Cyrille ; nous avons cru pouvoir l'intituler aujourd'hui : **Le Père Cyrille et Maroto**, parce que, selon nous, les derniers actes de la vie politique de l'Archevêque de Cuba s'impliquent et se confondent dans la transaction récente du général de D. Carlos.

Dans notre pensée, Maroto et le Père Cyrille, voilà l'enclume et le marteau qui ont servi à battre et à briser le sceptre et la couronne du Prétendant.

Quelques erreurs, sans véritable importance, s'étaient glissées dans notre première rédaction : nous avons eu le soin de les faire disparaître. De nouveaux renseignemens sont venus jusqu'à nous, sur les dernières phases de la question espagnole · nous les avons accueillis avec reconnaissance, et nous en remercions encore nos amis et nos correspondans.

LE PÈRE CYRILLE

ET

LE GÉNÉRAL MAROTO.

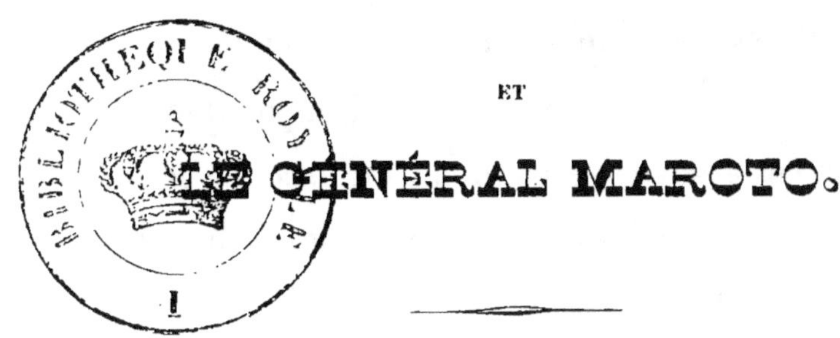

Le jour où le vent de la guerre civile aura
cessé de souffler sur l'Espagne, cette malheureuse
patrie des luttes et des dissentions éternelles, —
la Chronique, spirituelle et curieuse devancière
de l'Histoire, viendra recueillir, çà et là, les
traces des mystères politiques et des grandes ca-
pitulations de conscience; elle viendra fouiller
jusques dans le sang, cette poussière des batailles,
comme dit un célèbre poète espagnol; elle inter-
rogera les bourreaux et les patients, le glaive et
les victimes, les vivants et les morts; elle tâchera
d'expliquer, à sa manière, par les détails indis-

crets de la biographie, par les accidents à demi-
voilés de la vie intime, par les petites transactions
du cabinet, du boudoir et de l'alcôve, les événements et les personnes qui tiennent encore du
merveilleux, de l'incroyable et de l'impossible.

Dans cette galerie espagnole, où le règne et la
mort de Ferdinand VII ont donné place à tant de
portraits politiques, à tant de scènes diverses, à
tant de péripéties royales ou populaires, l'obser-
vation contemporaine s'attachera, tout d'abord,
à une imposante figure, mystique et profane tout
à la fois; à un homme d'église, à un homme du
monde, tour-à-tour archevêque, conspirateur et
diplomate; l'amant heureux des plus belles dames
de la cour d'Espagne, le conseiller de Ferdinand VII, le dupeur et la dupe de Calomarde,
l'ami trop personnel de la duchesse de Bëïra, le
ministre un peu trop équivoque de D. Carlos, le
complice impitoyable de Maroto, et le dernier
compagnon d'infortune du Prétendant : ce prélat
amoureux, ce courtisan tonsuré, cet archevêque,

ce conjuré absolutiste, se nomme tout simplement le père CYRILLE DE ALAMÈDA.

Des événements graves et singuliers viennent de s'accomplir en Espagne : il y a là de quoi imprimer une direction toute nouvelle à cette remuante et infatigable nation ; l'opinion publique, en France, attribue le résultat d'une pacification presque inespérée à la volonté, à l'initiative et à la puissance du général Maroto.

Hélas ! le lieutenant infidèle de D. Carlos me rappelle aujourd'hui ces pauvres diables de comédiens qui se débattent, qui gesticulent, qui s'enflamment et qui parlent sur le théâtre de l'imagination et de l'esprit, avec un souffleur attentif qui leur glisse de belles paroles, et surtout, avec quelque poète de génie qui a deviné, pour eux, des mots, des gestes, des cris, des scènes admirables, toute cette charmante passion dramatique que Molière appelait la dernière illusion et le dernier amour des honnêtes gens ! — Puis, quand la pièce est jouée, lorsque la toile tombe sur le dénouement de la tragédie, au milieu des bravos et des applaudissemens de la foule, la voix du parterre se fait entendre, et le rideau du théâtre s'ouvre encore une dernière fois: alors, ce sublime comédien de tout-à-l'heure, cet artiste inspiré qui a provoqué tant de sympathies, tant de doux sourires et tant de regards, s'avance en tremblant, salue, s'humilie et prononce ces mots: « Messieurs, le chef-d'œuvre que nous avons eu l'honneur de représenter devant vous est de Lopé de Véga, de Molière ou de Calderon ».

A l'heure où je parle, le général Maroto joue son rôle, en plein soleil, en pleine Espagne, avec un sang-froid admirable, avec un aplomb et une verve qui rappellent les plus beaux temps de la comédie espagnole. Le voilà le point de mire de tous les regards, de tous les vœux, de toutes les pensées; et nul ne songe peut-être à découvrir, dans quelque coin obscur de la coulisse, une puissance habile et mystérieuse qui fait mouvoir à son gré le bras de cet exécuteur politique.

A la fin de ce drame vivant qui s'est dénoué sur un champ de bataille où l'on ne s'est pas battu, on nous a beaucoup vanté le rare talent de Maroto ; il n'a pas été question du génie du père Cyrille : on a oublié la tête pour s'occuper de la main ; on a méconnu l'idée pour faire l'éloge de l'instrument.

Si vous interrogez la plupart de nos publicistes du journalisme, sur le caractère, la valeur et la portée du père Cyrille, ils vous répondront sans hésiter : C'est un moine, un brouillon, un intrigant ! — Puisque vous me faites l'honneur de m'adresser la même demande, je me garderai bien de vous adresser une pareille réponse ; je vous dirai, le plus fidèlement qu'il me sera possible, tout ce que je sais et tout ce que je pense de cet *intrigant*, de ce *moine* et de ce *brouillon*.

Des amitiés intelligentes et dévouées, quelques correspondances spirituelles et illustres, en Espagne, m'ont valu les détails, les opinions, les jugemens et les aperçus que vous allez lire : ils seront très-simples , parce qu'ils seront très-vrais.

F. Cyrille de Alamèda est né *quelque part*, comme le comte de St.-Germain , de fantastique mémoire. — En Espagne , tout le monde se souvient des talens du père Cyrille , de ses services et de l'élévation rapide de sa fortune ; personne ne sait à quoi s'en tenir sur sa naissance, sur sa jeunesse , sur son éducation ; comme le comte de St.-Germain , sans doute, le général espagnol de l'ordre de St.-François n'a jamais été jeune : il a dû naître à vingt-cinq ans , avec de la beauté, de l'imagination , de la science , un chapelet et une robe de moine.

Une figure distinguée, des mœurs douces et faciles , une application infatigable , un travail et des lectures de tous les jours, de tous les instans , de toutes les minutes , une instruction immense , des ressources d'esprit inépuisables , ont justifié, aux yeux des juges les plus sévères, l'ambition impatiente du père Cyrille , et l'influence de son nom et de sa personne. Souple , élastique et toujours bondissant comme sur un tremplin, le père Cyrille a trouvé le moyen, impossible avant lui, de diriger en riant les volontés mobiles de la cour, d'imposer au conseil privé du roi, et de suspendre jusqu'aux décisions de la haute chambre de Castille; le père Cyrille a mieux fait que tout cela: il a effrayé et quelquefois vaincu M. de Calomarde lui-même: M. de Calomarde et le père Cyrille! ne vous semble-t-il pas voir M. de Talleyrand jouant aux échecs politiques avec M. de Nesselrode ou M. de Metternich?

L'habileté du courtisan a su prendre, chez le général de l'ordre de Saint-François, des allures, des façons, des formes si variées, si changeantes et toujours si naturelles, qu'une pareille habileté est devenue proverbiale dans toute l'Espagne. Quand on lui demande le secret de son pouvoir et de son crédit, de ses relations intimes avec tous les membres divisés de l'ancienne famille royale, de cette influence mystérieuse et certaine qu'il a fait subir autrefois, bon gré, malgré, aux grands

de toutes les classes , à tous les ministres , à toutes les intelligences élevées , à toutes les puissances
de la veille , du jour et du lendemain , le père
Cyrille se recueille , hésite , regarde le ciel , et
vous répond en souriant : « Je me suis gouverné.....
et j'ai gouverné les autres. »

L'esprit du père Cyrille est plein de finesse , de
promptitude et de pénétration ; sa pensée est toujours sérieuse , comme il convient à un homme
d'état et à un homme d'église ; sa parole est toujours correcte , suave , brillante et bien élevée ,
comme il convient à un courtisan et à un homme
du monde ; il est fier et hautain avec les grands ,
affable et réservé avec les petits ; sa simplicité est
si noble , si attrayante et si gracieuse à la fois ,
qu'elle vous touche , vous persuade , vous entraîne
et vous conquiert , tout à coup , et malgré vous !
Sa tolérance , en matière de religion , est admirable ; le père Cyrille est l'homme d'Espagne qui
a le mieux apprécié le génie étroit , mesquin et
tracassier des ordres monastiques ; bien souvent ,

à l'issue de quelque visite officielle dans un des couvents de sa juridiction, le père Cyrille s'est écrié en présence de ses amis : « J'ai consigné le froc sur le seuil de ma porte; maintenant, fumons ensemble, s'il vous plaît, et parlons en toute liberté; me voilà débarrassé jusqu'à demain de cette affreuse vermine que vous appelez des moines »!

L'ordre et l'esprit de conduite n'enlèvent aux idées et aux vues personnelles du père Cyrille, ni la dignité, ni la noblesse, ni la grandeur; généreux, libéral, désintéressé, s'il étudie les hommes, s'il cherche à les deviner, s'il les utilise, c'est toujours au profit d'un principe et d'une pensée : il les fait valoir pour eux-mêmes et pour tout le monde, mais il ne les exploite jamais.

Au milieu de toutes les préoccupations de sa vie aventureuse et militante, le père Cyrille a dignement usé de son crédit, de sa parole, de sa fortune, de ses bénédictions et même de sa beauté. Parfois il se plaint, dit-on, des ingrats et des ingrates qui l'ont trahi : n'est-ce point là une manière fort ingénieuse de parler encore de tous les heureux qu'il a faits ?

L'intervention personnelle du père Cyrille, dans les embarras secrets de l'Espagne et dans les affaires équivoques de D. Carlos, est antérieure à cette nouvelle guerre de la succession qui vient de finir avec tout l'intérêt d'une péripétie inattendue ; c'est en 1825 qu'a commencé véritablement, pour l'Espagne politique, la lutte prolongée et soutenue jusqu'à ce jour par l'impuissance ou l'inhabileté du gouvernement espagnol. — En 1825, le Tage s'émut tout à coup, au bruit d'une insurrection militaire dirigée par le général Vessières ; il s'agissait de faire prononcer l'incapacité et la déchéance de Ferdinand VII, au profit de l'usurpation, c'est-à-dire de D. Carlos : comédie sanglante dans laquelle un souverain fut, à la fois, muet, sourd et aveugle (1).

Les principaux auteurs ou instigateurs de ce soulèvement étaient : Vessières, général dans les

____

(1) La tentative de Vessières eut lieu près de *Sacédon*.

armées du roi ; le père Cyrille , un des conseillers du roi ; D. Carlos, frère du roi ; enfin , M. de Calomarde, premier ministre du roi, M. de Calomarde , qui présidait sans crainte le ministère, en même temps qu'il ordonnait au général Vessières, son complice, d'arborer le drapeau d'une nouvelle dynastie.

L'opinion publique fut terrible pour M. de Calomarde ; c'est à peine si j'ose, après tant d'années, la consulter, l'interroger et l'entendre !

On avait voulu tenter les chances d'une révolution : on réussit tout juste à produire une misérable échauffourée, qui fut comprimée par quelques centaines de baïonnettes.

Seul, le général Vessières avait agi, les armes à la main, dans l'intérêt dynastique de D. Carlos ; seul, il fut puni pour son compte et pour le compte de ses amis politiques ; M. le comte d'Espagne, commandant de la garde royale, s'empara de Vessières qui fut mis à la disposition du gouvernement de Madrid.

Voilà donc M. de Calomarde juge et partie dans un procès où il s'agit de la tête d'un général rebelle, sa créature et son exécuteur révolutionnaire ! Je vais vous raconter, en rougissant pour M. de Calomarde, pour le père Cyrille et pour D. Carlos, de quelle façon leste et délibérée le premier ministre d'Espagne vida cette cause sanglante, au profit de la justice distributive des révolutions.

M. le comte d'Espagne écrivit d'abord à M. de Calomarde une lettre officielle dont je n'ai jamais lu le texte, mais dont voici le sens :

« Monseigneur, le rebelle Vessières est en mon
» pouvoir ; j'attendrai, pour procéder au châti-
» ment qui lui est dû, les instructions précises
» de Votre Excellence ».

M. de Calomarde répondit au commandant :

« Faites fusiller sur-le-champ le rebelle Vessiè-
» res ».

M. le comte d'Espagne, qui a toujours aimé à se charger des corvées les plus difficiles et des exécutions les plus flétrissantes, signifia lui-même à

son prisonnier le résultat de la dépêche ministérielle. Le général Vessières demanda aussitôt un
sursis, au nom et dans l'intérêt personnel du Roi :
il venait de comprendre aisément qu'il s'agissait,
pour M. de Calomarde, de se débarrasser d'un
complice et d'un accusateur ; il s'adressa donc à
Ferdinand VII, et dénonça le premier ministre
comme coupable d'un crime de haute trahison et
de lèze-Majesté.

Grâce à la faiblesse ou à l'imprudence singulière
du Comte d'Espagne, M. de Calomarde seul ap-
prit la tentative désespérée du général Vessières ;
il confisca sans crainte et sans remords la dénon-
ciation de son ami et de son complice ; puis, il se
contenta d'adresser au commandant de la garde
royale l'ordre suivant que l'on dirait destiné à un
exécuteur des hautes œuvres :

« S. M. désapprouve le sursis accordé à l'ex-gé-
» néral Vessières ; faites-le donc fusiller sans dé-
» lai, c'est-à-dire, après avoir donné à ce rebelle

» assez de temps pour demander pardon à
» Dieu ».

Le général Vessières fut tué, sans doute après
avoir obtenu le bénéfice de la confession ; M. de
Calomarde continua à être premier ministre du
roi Ferdinand VII ; quant au père Cyrille, il ter-
mina cette dangereuse partie, avec sa finesse et sa
dextérité habituelles : il conserva sa tête et gagna
une mître d'archevêque pour la couvrir.

Ce qui advint, à ce propos, entre M. de Calomarde et le père Cyrille, mérite, je crois, un peu
de votre attention.

M. de Calomarde était, dit-on, furieux : Pour-
quoi et comment ? Dieu seul le sait avec lui ! —
Sa grande colère, après l'exécution de Vessières,
naquit peut-être de l'impossibilité morale de pu-
nir le père Cyrille, comme il avait châtié le général rebelle. — Pour peu que le père Cyrille eût fi-
guré dans cette singulière et cruelle comédie, avec
les apparences d'une collaboration matérielle, M.
de Calomarde se fût empressé, à coup sûr, d'en

finir avec le prêtre comme il en avait fini avec le soldat : il l'aurait envoyé à Dieu par la route de l'échafaud.

Le père Cyrille se condamna prudemment au silence et à la retraite : il se cacha, à sa manière, dans une ombre presque lumineuse qui laissait deviner ses précautions et sa puissance ; il se cacha si bien et d'une telle façon, que M. de Calomarde put entrevoir, de loin, sa main toute prête à agir, et ses lèvres toutes prêtes à parler.

Le président du conseil recula devant l'attitude nouvelle du père Cyrille ; il eut peur de ce silence calculé qui ressemblait à une accusation, de cette immobilité sévère et attentive qui ressemblait à une menace ; M. de Calomarde supplia le père Cyrille de daigner comparaître par-devant le premier ministre d'Espagne.

Un pareil rapprochement dut offrir, tout d'abord, à l'esprit de prévision du père Cyrille, une chance de salut et d'impunité ; il n'hésita point à obéir à la volonté ministérielle ; il pénétra sans crainte, mais non pas sans arrière-pensée, dans ce cabinet politique où son complice avait prononcé à huis-clos la condamnation capitale du général Vessières.

M. de Calomarde s'attendait peut-être à des récriminations et à des menaces; le père Cyrille croyait entendre déjà des avertissemens et des prières; les deux conjurés furent trompés à la fois l'un par l'autre : M. de Calomarde commença une scène sérieuse et bouffonne, empruntée à ces grandes comédies de cour si bien jouées par le cardinal de Richelieu et par Monseigneur d'Olivarès.

On parla tout naturellement de l'Espagne, de sa situation critique, de sa décadence; on parla de Ferdinand VII, cet autre Charles II qui allait peut-être léguer à la convoitise des partis et des ambitions contraires les lambeaux de la monarchie de Charles-Quint; M. de Calomarde, avec cette éloquence diplomatique que tout le monde lui connaît, se plut à montrer aux yeux du père Cyrille le vide immense où s'abîmerait incessamment la royauté espagnole.

— Je vois, en effet, un abîme, s'écria le père Cyrille; mais, entre nous, Monseigneur, la tête du général Vessières et la mienne ne le combleront pas!

— Eh ! qui donc ici songerait à votre tête ? répondit M. de Calomarde.

— Pardonnez-moi, Monseigneur, répliqua le père Cyrille..... mais, vous avez bien songé à celle de Vessières !...

— Ne parlons pas du passé, reprit le premier ministre; là-dessus, il me serait impossible de répondre à vos questions; j'ai vieilli si vite, que je n'ai plus de mémoire : c'est à peine si je me souviens de ce que le roi a daigné me dire et me commander à votre intention.

M. de Calomarde ouvrit son portefeuille, et présenta au père Cyrille une ordonnance royale qui le nommait à l'archevêché de Cuba.

C'était là un poste admirable, envié de tous les dignitaires de l'église; un évêque vulgaire y aurait vu, sans doute, au premier coup-d'œil, une position magnifique, un avenir somptueux et des revenus considérables : le père Cyrille reçut *une si haute récompense*, comme l'on reçoit un ordre d'exil et peut-être l'annonce d'une fin équivoque et prématurée.

Il regarda, en souriant, le premier ministre, et refusa ce présent royal que lui apportait M. DE CALOMARDE !

M. de Calomarde insista avec toute la vivacité de l'intérêt et de la peur ; il fit valoir, tour à tour, les talens du père Cyrille, la cause de la religion et la volonté expresse du roi ; il sut amener l'intervention de la majesté souveraine, avec des regrets si perfides, avec des aveux si expressifs, avec des instances si adroites, avec des prières qui ressemblaient tant à des ordres, avec une amitié apparente qui ressemblait tant à la réalité de la haine, que le père Cyrille dut sortir, bon gré, malgré, du cabinet de M. de Calomarde, avec le titre d'archevêque de Cuba.

Le moine de Saint-François résista courageusement à cette rude épreuve que lui imposait la lâcheté d'un ami, c'est-à-dire d'un complice ; il se souvint, sans doute, de ce dicton populaire de son pays : Attendre et se venger !—Il partit donc pour sa résidence archiépiscopale qui devait être le lieu de son exil, et le point de départ d'une nouvelle phase dans son existence politique et aventureuse.

Dès son arrivée à Cuba, le père Cyrille repoussa provisoirement les préoccupations habituelles de sa vie passée ; et comme il l'a dit, je crois, lui-même, il voulut être un bon archevêque, tout en espérant des temps meilleurs.

L'administration religieuse du père Cyrille a laissé à Cuba des souvenirs impérissables de zèle, de tolérance et de charité ; il s'efforça d'ensevelir l'homme d'état et l'homme du monde, dans l'amour divin de la foi évangélique : Il fut d'abord un archevêque empressé ; il fut ensuite un apôtre véritable ! — La juridiction ecclésiastique regorgeait d'énormes abus : les abus furent réprimés ; la discipline s'était faite, avant lui, dissipée et presque mondaine : la discipline devint rigoureuse et inexorable ; le clergé tout entier affichait publiquement des prétentions extravagantes : il confis-qua, au profit de l'ordre et de la sainteté de l'église, les empiétemens excessifs des prêtres et des moines.

En un mot, le père Cyrille osa pratiquer, dans sa sphère religieuse, ce que le général Tacon osait faire, en même temps, dans l'ordre politique et administratif ; chacun de ces deux hommes si méconnus aurait mérité le surnom donné autrefois à un roi de Castille : Le Justicier.

L'heure de la liberté sonna, pour le père Cyrille, un peu plus tard qu'il ne l'avait espéré d'abord ; il attendit long-temps, l'œil fixé sur cette couronne royale, trop lourde pour le front d'un enfant, et qu'il se promettait peut-être de placer sur la tête d'un homme.

Bientôt, l'écho des tentatives souvent victorieuses de Zumalacarréguy et de l'entrée presque triomphale de Don Carlos, en Espagne, allèrent éveiller l'attention impatiente de l'archevêque de Cuba.

Il attendit encore, fatigué sans doute d'entendre le bruit lointain de ces luttes incertaines, de cette guerre civile qui voulait être éternelle, à la façon des guerres séculaires d'autrefois.

Un beau jour , enfin , le père Cyrille dit adieu au siége et à la mître ; il se dépouilla de sa puissance et de son autorité ; il traversa l'Océan , avec tout le mystère et avec tout l'appareil d'un coureur d'aventures ; il revit l'Europe , et son premier soin politique fut d'aller visiter et consulter les oracles officiels des principales cours du Nord.

L'on a dit que le père Cyrille s'était fait , de gaîté de cœur , le mendiant breveté de D. Carlos , à la porte et dans les antichambres des palais étrangers ; on nous l'a représenté comme un ambassadeur vraiment extraordinaire , chargé de recueillir , dans sa besace de frère quêteur , l'aumône des gouvernemens et des princes. — On a méconnu , ce me semble , le caractère du père Cyrille , en ne devinant pas la part véritable qu'il a voulu prendre dans les intrigues et dans la politique secrète du Prétendant.

Non , le père Cyrille n'a rien demandé ; il a conseillé de près et de loin , voilà tout ; il a conseillé D. Carlos et ses amis aveugles de toutes les cours étrangères : les cours étrangères ont écouté peut-être le père Cyrille ; D. Carlos n'a pas daigné voir les impossibilités morales et matérielles qui s'opposaient au triomphe de sa cause ; il s'est entouré, contre l'avis du père Cyrille, des influences les plus exagérées, des amitiés les plus imprudentes, des faiblesses les plus téméraires ; et de ce jour, la pensée du père Cyrille a condamné D. Carlos à l'impuissance, à la défaite et à l'abandon.

Après un pareil jugement et une prédiction semblable, l'entrée un peu tardive du père Cyrille, en Espagne, ne s'explique, de la part de D. Carlos, que par des intentions mystérieuses qu'il ne m'a pas été possible de connaître ou de deviner ; de la part du père Cyrille, sa présence soudaine, au milieu de ses contradicteurs et de ses adversaires, trouvera peut-être une justification raisonnable dans une double pensée que je puis hardiment prêter à la prévoyance de son génie : la conquête du royaume, à l'aide d'un système nouveau et d'une politique plus libérale, plus intelligente ; et, au besoin, la pacification de l'Espagne aux dépens des intérêts dynastiques de D. Carlos.

Le père Cyrille se présenta donc au quartier-général du Prétendant, et précéda, de quelques jours seulement, la duchesse de Beïra, elle-même. C'est là une circonstance particulière qu'il ne m'appartient pas d'expliquer et de traduire dans le sens de quelques idées personnelles; les historiens feront comme les jurés : ils apprécieront.

Le père Cyrille trouva dans le conseil de Charles V tous les amis dangereux qu'il avait dénoncés à la sagesse royale, et toutes les turpitudes qu'il y avait devinées. — Il eut affaire à cette tourbe fanatique dont l'esprit avait déjà vicié la cour tout entière, les partisans et l'armée; il eut affaire à l'immoralité ignorante de l'archevêque de Léon, aux emportemens frénétiques de Arias Tejeiro et du père Larraga, le personnage le plus inepte de toute l'Espagne, sans en excepter le duc d'Alcudia.

C'est le père Larraga qui, s'adressant un jour au duc d'Alcudia, à propos d'un secours d'hommes et d'argent promis à D. Carlos, écrivait ou prononçait ces paroles dignes du grand inquisiteur Torquèmada : « Je dois prévenir V. E. que le roi, mon maître, n'acceptera le secours de ces soldats, qu'à une seule condition : c'est qu'ils seront tous catholiques »!

Incroyables matamores! profonds politiques! hommes d'état fabuleux, qui s'en vont conquérir un royaume avec de l'eau bénite et un goupillon! —Ne dirait-on pas qu'il s'agit d'une page arrachée à l'histoire édifiante des missions étrangères?

Voilà l'imposant et admirable entourage de D. Carlos, au moment de l'arrivée imprévue du père Cyrille, et je vous ai fait grâce d'une foule de moines furieux, de serviteurs forcenés, et d'absolutistes ridicules.

Il a fallu au père Cyrille toute l'astuce, toute la finesse, tout le tact diplomatique, toutes les richesses, toutes les ressources qui caractérisent son génie, pour oser porter la main sur cet édifice vivant, composé de royalistes plus royalistes que le roi!

On écrirait des volumes, si l'on s'avisait de vouloir raconter la singulière histoire des attaques, des retraites prudentes, des défaites calculées, des caresses menteuses, de tous les mouvemens secrets, de tous les stratagêmes politiques, inventés et employés par un moine, pour en finir impunément avec l'esprit monastique de la cour de D. Carlos.

Le père Cyrille prépara et commença le triomphe de son opinion, à force de souplesse et de ruse ; il l'a achevé tout-à-fait, à force de résolution et d'audace.

Une fois dans le for intérieur de D. Carlos, le père Cyrille n'eût rien de plus pressé que d'appeler à son aide le général Maroto ; la tragédie était prête : il s'agissait désormais de l'apprendre et de la jouer.

Le général Maroto se hâta de rentrer en Espagne, où il obtint aussitôt un commandement militaire, sous les auspices et grâce à la recommandation déjà influente du père Cyrille.

Tous les fous furieux, qui opinaient dans le conseil du roi, crièrent à la trahison et au scandale : on imposa silence au bavardage bruyant de la colère et de la folie ; on colporta, dans les antichambres et dans les casernes, je ne sais quelle publication antérieure du général Maroto, écrite à Bayonne contre D. Carlos lui-même, et contre la plupart de ses fanatiques conseillers : le Prétendant ferma les yeux et ne voulut rien entendre; il fallut bien que ses amis devinssent sourds et aveugles, par ricochet.

Malgré cette victoire apparente et inespérée du père Cyrille, le parti absolutiste reprit courage et voulut essayer de se relever de cette honte et de cette chute; il comptait sur la faiblesse de D. Carlos, et il eut raison d'y compter : D. Carlos signa, sans hésiter, un ordre de proscription contre le protégé du père Cyrille.

Les envoyés extraordinaires, chargés d'obéir à cet acte de la volonté royale, partirent en effet mystérieusement, et se disposèrent à s'emparer de la personne de Maroto; —Par malheur, le roi propose et le père Cyrille dispose! — Quelque *solitaire* politique, qui voyait tout, qui entendait tout, instruisit le général proscrit de ce qui se passait à la cour et jusques dans la conscience du Prétendant.

Une dépêche confidentielle fut remise secrètement au général Maroto ; elle contenait à peu près ce qui suit :

« Un jugement a été signé contre vous ; vous
» êtes sacrifié ; voici, en marge, les noms des
» personnes qui doivent l'exécuter. — Je crois
» inutile de vous donner un conseil ou de vous
» tracer un plan de conduite ».

Maroto recueillit tous les noms inscrits sur la marge de cette lettre : le surlendemain, il procédait aux exécutions sanglantes de Estella !

Ce coup de main si hardi changea immédiatement la face de la petite cour royaliste ; Villaréal, Ellio, Urbistondo et quelques hommes de cœur et d'esprit occupèrent, tout d'abord, les premières places au quartier-général du Prétendant ; Maroto devint tout naturellement le chef réel de l'armée, et le père Cyrille président du conseil d'état.

On peut dire que cette révolution d'armée et de palais a été, pour la cause du Prétendant, le commencement et la fin de sa ruine : la royauté de Charles V a été véritablement tuée et ensevelie dans les funérailles de Estella.

Quelques personnes qui se croient fort instrui-
tes, et que je crois très-ignorantes des moindres
détails qui se rattachent à la question espagnole,
soutiendront, avec beaucoup d'esprit et de ma-
lice, la non-complicité du père Cyrille et du
général Maroto ; voici ma réponse, par antici-
pation :

Le sang d'Estella a créé, le même jour, à la
même heure, un général en chef et un président
du conseil d'état au service de D. Carlos ; le général s'appelle Raphaël Maroto ; le président se nomme le père Cyrille de Alamèda. Ce n'est pas tout :
l'avènement du père Cyrille a fait fuir, de gré ou
de force, tous les ennemis du général Maroto ; il
a ramené ou rétabli, dans le quartier-général,
tous ceux qui avaient consenti à le soutenir ou à
le tolérer.

Si le père Cyrille n'a pas été le complice, le con-
fident de Maroto, il devait le chasser, le dégra-
der ou le fusiller ; — si l'influence de Maroto était
plus forte, plus certaine que l'influence du père
Cyrille, le ministre de D. Carlos devait offrir sa

démission au roi , sous peine d'être accusé du crime de haute trahison et de lèse-majesté.

Depuis six mois , on négociait à Paris , on négociait à Londres , on négociait jusques sous la
tente d'Espartero ; on y échangeait des notes , des
propositions , des engagemens et des promesses ;
et vous voulez que le père Cyrille , si fin , si adroit ,
si clairvoyant , si attentif , si habile , ait laissé
marcher à côté de lui les hommes et les choses ,
sans deviner les uns et sans comprendre les autres ?
le père Cyrille a tout deviné , tout compris ; le moment venu , il s'est écrié , en s'adressant au général Maroto : « Laissez passer ma justice : c'est la
pacification de l'Espagne » !

Le général Maroto a-t-il agi au-delà des instructions précises et des ordres limités du père Cyrille ? C'est possible.

Le père Cyrille voulait-il essayer d'obtenir , con-
trairement aux derniers résultats de la guerre , une
transaction honorable , en faveur de D. Carlos et
des membres de sa famille ? Cela est encore possible.

Après avoir cherché à pacifier l'Espagne , d'accord avec le général Maroto, quel a été le rôle du père Cyrille, dans la fuite récente du Prétendant à travers les bourgades de la Navarre?

Selon moi, il a continué à jouer sa tête contre l'imprévoyance de D. Carlos. — Et D. Carlos est si faible, si maladroit et si aveugle, qu'il n'a pas songé à gagner cette tête, pour l'abattre et pour se venger.

A l'heure qu'il est, le père Cyrille est en France, et nul n'expliquera peut-être ni son voyage ni son retour; le père Cyrille a fini comme il avait commencé: par le silence et par le mystère, à la façon des grands diplomates de tous les temps.

Du reste, vous le connaissiez tous aussi bien que moi: En Espagne, il s'est appelé d'abord Ximenez de Cisnéros; plus tard, en France, il a pris le titre de prince de Talleyrand; enfin, le comédien politique s'est rapetissé avec les proportions du théâtre, et ce n'est plus aujourd'hui que le père Cyrille!

Nous ajournons le père Cyrille à un an, dans le conseil-d'état d'Isabelle II, reine d'Espagne!

Septembre 1839.